Manuel de cours de Reiki USUI

Degré 2 : Okuden
Symboles & utilisations
Traitement à distance
Traitement d'une situation passée, présente, future
(Avec cristal de quartz)
Techniques Japonaises 2 (TJR2)

Par
Nicolas ORLER

Corrections orthographiques et relecture des textes
Séverine DELANOIS

Niveau I : Shoden
Niveau II : Okuden
Niveau III : Shinpiden
Niveau IV : Shihan

Table des matières

1. **Les symboles du Reiki** 5
   1.1 HON SHA ZE SHO NEN (HSZSN) 7
      1.1.1 Rôle 7
      1.1.2 Utilisation de Hon Sha Ze Sho Nen 8
   1.2 SEI HE KI (SHK) 9
      1.2.1 Rôle 9
      1.2.2 Utilisation de SEI HE KI (SHK) 10
   1.3 CHO KU REI (CKR) 11
      1.3.1 Interprétation des traits : 11
      1.3.2 Rôle 11
      1.3.3 Utilisation de Cho Ku Rei (CKR) 12
   1.4 SHI KA SEI KI (SKSK) 13
      1.4.1 Rôle 13
      1.4.2 Utilisation de Shi Ka Sei Ki (SKSK) 14

2. **Utilisation des symboles Reiki de degré 2** 15
   2.1 Sur soi, comme protection (indépendamment d'un traitement) 15
   2.2 Dans l'air, pour nettoyer une pièce et faire monter son taux vibratoire 16

3. **Les traitements en présentiel de degrés 2** 18
   3.1 Rappels 18
   3.2 Traitement sur soi ou sur autrui 19
      3.2.1 Préparation (En présentiel ou non) 19
      3.2.2 Apposition des mains 20

4. **Traitement à distance** 21
   4.1 Déontologie 21
   4.2 Nous connaissons la personne & par visualisation cérébrale 21
   4.3 Nous ne connaissons pas la personne 24

5. **Traitement sur une situation passée, future ou présente (Avec cristal de quartz)** 25
   5.1 Le cristal de quartz 25
   5.2 Protocole du traitement sur une situation 26

6. **Traitement à distance sans avoir l'autorisation du receveur** 29
   6.1 Déontologie 29
   6.2 Traitement 30
      6.2.1 En distanciel 30
      6.2.2 En présentiel 31

7. **Traitement Reiki sur les blocages passés** 32
   7.1 Protocole 33
   7.2 Bien comprendre les périodes 35

8. **Connaissances préalables aux Techniques Japonaises de Reiki de degré 2** 36
   8.1 Le cristal de quartz 36
      8.1.1 Purification (nettoyage) du cristal de quartz 37
      8.1.2 Ré-énergisation du cristal de quartz 38

9. **Techniques Japonaises de Reiki degré 2 (TJR2)** 39
   9.1 Byosen et scan de l'aura 39
   9.2 Hesso Chiryo – Technique de relaxation par le nombril 43

9.3	Sei He Ki Chiryo – Déprogrammation d'une croyance	44
9.4	Laser Ho	45
9.5	Jacki Kiri Joka Ho	46
10	**Rappels**	**47**
10.1	Préparation indispensable avant TOUS les types de traitements	47
10.1.1	*De notre environnement physique*	*47*
10.1.2	*De notre environnement énergétique*	*47*
10.2	Attitude Gassho	48
10.3	Tanden	48
10.4	Kenyoku-Hô	49
10.4.1	*Kenyoku - explications :*	*49*
10.4.2	*Gestuelle :*	*49*
10.5	Planches anatomiques	51
10.6	Degrés d'enseignement Reiki Usui	61
11	**Sources**	**62**

Légende des indexes graphiques :

Icones	Significations
📖	Il est à noter que…
△	Attention !
💣	Interdit !
TJR1	Techniques Japonaises Reiki degré 1
TJR2	Techniques Japonaises Reiki degré 2

Introduction

Lors du 1er degré Reiki Usui, nous avons utilisé uniquement nos mains pour nous auto-traiter ou donner un traitement à une autre personne. Nous étions accompagnés par les 5 idéaux Reiki et les techniques Japonaise de Reiki (TJR1). Cela nous a permis de faire évoluer notre perception du monde intérieur ou extérieur. Nous faisons désormais partie de ces personnes privilégiées qui souhaitent évoluer et faire grandir leur conscience sur les mondes que nous côtoyons à chaque instant.

Lors de ce 2nd degré, nous aborderons les 4 premiers symboles de la formation complète Reiki Usui (des 4 degrés). Initialement et traditionnellement, n'étaient enseignés que 3 des symboles. Mais ici, il semble fort à propos de recevoir l'enseignement du 4ème symbolisant le Cœur et surtout son ouverture. Il faut parfois faire preuve d'un peu de modernisme, même si nous nous attacherons, bien sûr, à respecter les bases indispensables et traditionnelles du Reiki enseignées par le Dr. M. USUI.

1 Les symboles du Reiki

Les symboles Reiki favorisent la concentration de l'esprit sur l'émission du Reiki, au-delà de l'espace et du temps. Ils ouvrent à la puissance ultime du Reiki et permettent d'aller au-delà des blocages de l'inconscient. Ils nous libèrent des peurs et des limitations contraignantes de l'esprit qui nous empêchent d'être dans le véritable amour.

Il ne s'agit nullement de magie. Ils servent de point de focalisation à l'esprit du donneur au moment nécessaire. Ceci afin de canaliser l'énergie à distance et à concentrer une action ainsi qu'une intention précise pour le traitement du corps mental ou émotionnel de la personne à traiter.

Le principe est fondé sur les lois universelles séculaires qui régissent le transfert de l'énergie par l'esprit et donc l'intention du moment. La plupart des pensées ou des intentions sont transmises comme des flux énergétiques et émises depuis un centre. A mesure qu'elles se propagent dans l'espace et le temps, elles ont tendance à perdre de leur puissance et leur focalisation, donc à décroître.

A l'aide de ces symboles, le praticien établit un circuit de focalisation entre le receveur et lui-même par lequel l'énergie circule en gardant ses propriétés intentionnelles initiales.

Bien que les symboles que nous allons apprendre soient sacrés, ils ne sont pas secrets. Il revient donc à celui ou celle qui les connaît d'en faire un usage approprié sans les dévoyer.

Nous pourrons utiliser et activer ces symboles en les traçant, soit mentalement soit « physiquement », sur le receveur ou dans le lieu concerné. Puis en prononçant leur nom trois fois tel un mantra. Soit à haute voix, si nous sommes seuls, soit mentalement en présence de personnes ou de receveurs directs.

Les tracer
Pour les tracer nous pouvons utiliser :
- La paume de la main dominante (le creux de la main) en imaginant un flux lumineux en sortir comme s'il s'agissait d'un pinceau.
- Avec deux ou trois doigts de la main dominante, tel un pinceau lumineux également.
- Soit avec le 3ème œil (ou l'écran mental), en visualisant un flux lumineux « peindre » le symbole devant soi.

Leur mantra
Chaque fois que nous traçons un symbole, il est **indispensable** de prononcer son nom (son mantra) **3 fois de suite pour les activer**.

Proportions et esthétiques
Il est demandé de respecter toutes les proportions et les dispositions (et alignements) de chacun des idéogrammes lorsque nous les dessinons. Ils doivent être tracés en respectant une certaine organisation et un **ordre précis** de traçage.

Ceci afin de ne pas produire une action opposée à celle de notre intention de départ ou au sens initial du symbole.

Ethique et utilisation

Puisque le Reiki est ouvert à tous, nous pouvons trouver tous les symboles et leurs mantras partout, y compris ceux du Maître et du Maître enseignant, que cela soit dans les livres ou sur internet, entre autres choses. Dès lors, ces symboles ne sont plus secrets, mais il nous apparaît nécessaire d'observer et de conserver leur sacralité dans le cadre de ce cours. C'est pourquoi, il est préférable malgré tout qu'ils restent relativement privés.

Chaque symbole a une fonction énergétique et spirituelle, donc une action sous-jacente intrinsèque. C'est pourquoi, leur utilisation doit être respectueuse de leurs objectifs initiaux. En effet, bien que rien ne l'interdise formellement, Ils n'ont pas pour vocation d'être affichés sur un tee-shirt ou une casquette comme s'il s'agissait d'un logo ou d'une marque. Plus nous les réservons clairement à leurs usages traditionnels, plus ils conservent leur aspect spirituel et sacré.

Fonctionnement général

Chaque symbole a une fonction précise propre, qu'elle soit énergétique ou spirituelle. Ils ne sont donc pas de simples dessins incompréhensibles de l'Asie, ou de l'art abstrait. Ce ne sont pas non plus des ondes de formes, comme pourraient l'être une pyramide ou une coquille Saint-Jacques, qui eux ont également une utilisation et une fonction déterminées et particulières.
Pour qu'ils fonctionnent de façon optimale, le Reiki Usui traditionnel établissait qu'ils dépendent de quatre conditions se complétant les unes, les autres. Il s'agit de l'initiation, de l'intention, du dessin et du son associé.

L'initiation : Elle est nécessaire pour pouvoir activer l'énergie des symboles. Au 1er degré, nous pratiquons 4 fois cette initiation. Elle est nécessaire pour faciliter l'activation du canal Reiki de la personne. Au 2nd degré, les initiations accordent l'énergie du stagiaire à l'énergie des symboles eux-mêmes.

L'intention : Comme nous l'avons vu, l'intention est primordiale. D'elle dépend la concentration et l'effet de l'énergie posée pour et par la personne. Dans ce cadre précis et pour rendre active l'essence du symbole, il faut poser une intention claire en traçant le symbole et le nommer par son mantra.

Le graphique (les idéogrammes ou kanjis) : Le rôle graphique du dessin est de nous placer dans l'intention comme dans la concentration nécessaire. Il est essentiel. Bien qu'il puisse souffrir de quelques imperfections, il ne doit absolument pas subir de trop grosses distorsions, comme des dessins faits à l'envers, dans le désordre ou dessinés dans le sens opposé du traçage traditionnel. Le graphique sert de support concret à la focalisation et à la concentration.

Le son (mantra) : Les noms des symboles incluent leur prononciation des sons sacrés. En prononçant leur mantra 3 fois, nous prononçons les sons qui sont à l'origine de leur existence.

1.1 HON SHA ZE SHO NEN (HSZSN)
Symbole de distance et de connexion

Il peut se traduire par « se connecter » en allant au-delà des notions de passé, de présent et de futur, au-delà de la distance qui, de façon illusoire, sépare les gens, les objets, les êtres en général. Il n'y a plus de séparation, il n'existe pas de dualité dans le monde subtil. Tout se relie parce que tout est déjà relié énergétiquement.

1.1.1 Rôle

C'est une sorte de pont spatio-temporel qui s'affranchit du temps et de l'espace, des distances, qu'elles qu'en soient les grandeurs. C'est le premier symbole à utiliser lorsque nous voulons faire un traitement à distance. Et si nous adhérons au principe de réincarnation ou des vies antérieures, alors ce symbole est fait pour s'y connecter temporellement.

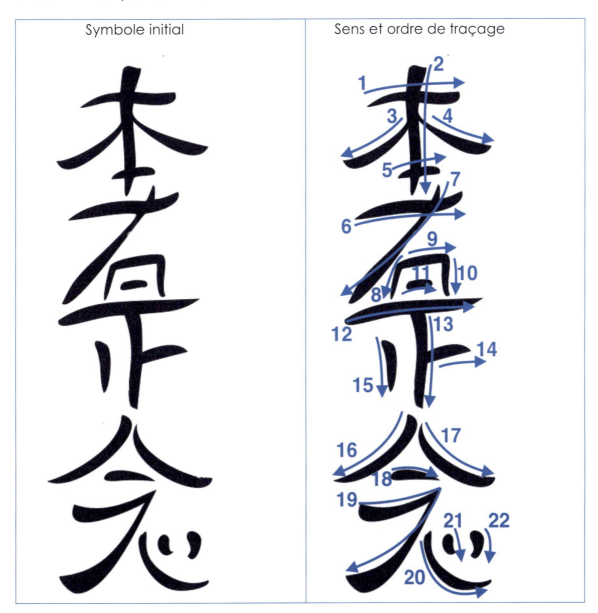

1.1.2 Utilisation de Hon Sha Ze Sho Nen

Ce symbole est l'un de ceux composés de plusieurs idéogrammes (Kanjis). Lors de son traçage, il faut prêter toute notre attention à aligner verticalement et horizontalement chaque idéogramme correctement. Il y a une sorte d'équilibre sur la composition de ce symbole, une sorte d'axe de symétrie verticale et horizontale à laquelle il nous faut prendre le plus grand soin. On pourrait dire qu'il faut que ces idéogrammes soient « centrés » sur ces axes (rouges) afin qu'ils conservent leurs proportions et leurs dispositions les uns par rapport aux autres.

1.2 SEI HE KI (SHK)
Symbole de l'harmonie (mentale et émotionnelle)

Il représente les 2 côtés de notre cerveau, les 2 hémisphères précisément.
- **Gauche** : la logique, le rationnel.
- **Droit** : la créativité, l'intuition, l'émotionnel.

1.2.1 Rôle

L'énergie de ce symbole agit au niveau émotionnel et mental d'une façon puissante et profonde, jusqu'à la conscience, pour éliminer les schémas indésirables (blocages, habitudes…). Il harmonise les situations dualistes ou conflictuelles. Il permet une sorte de nettoyage des comportements mentaux et émotionnels qui ne nous sont pas bénéfiques. Il y a ici une forme de protection contre les émotions difficiles, de basses vibrations et destructrices spirituellement parlant.

A titre d'exemple, les crises de guérison que nous pourrons constater à partir du 2ème degré seront probablement beaucoup situées au niveau émotionnel. C'est notamment grâce ce symbole que le nettoyage et la protection se feront.

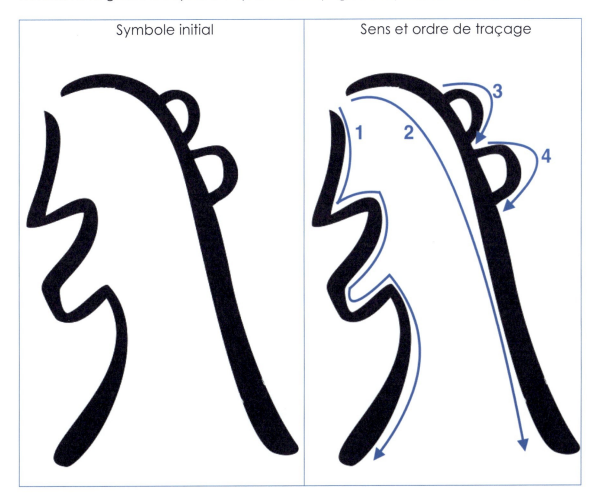

1.2.2 Utilisation de SEI HE KI (SHK)

Ce symbole peut s'utiliser dans beaucoup de situations du quotidien. Y compris sans l'adjoindre à d'autres symboles.

Pour s'harmoniser soi-même ou une personne receveuse. Tout autant que dans une pièce, un espace, un lieu, qu'ils soient privés, ou bien à l'hôtel, dans une salle de conférence,… En tout cas, là où nous estimons que l'énergie y est « chargée » ou très pesante.

Dans le cas d'un espace physique : traçons ce symbole sur les 4 murs de la pièce, puis sur le plafond et enfin sur le sol. Mentionnons 3 fois son mantra (SEI HE KI) pour activer tous les tracés effectués dans la zone proprement dite.

Sur soi avant d'aller travailler ou au-devant d'une situation que l'on pressent difficile, un rendez-vous stressant par exemple. Ceci de façon à rester concentré sur notre calme, en préservant le fait de ne rien prendre personnellement ou trop à cœur.

Lors d'un conflit entre personnes, que nous soyons impliqué ou non. Sans manipuler quoi ou qui que ce soit dans notre intention. Pour rétablir une situation plus sereine et plus encline aux échanges constructifs.

Dans des situations vraiment critiques ou d'urgence : en cas d'agression par exemple, qu'il s'agisse d'êtres humains ou d'animaux.

Ou bien encore sur la nourriture pour la nettoyer de toute énergie peu bénéfique.

Dans tous ces cas, on trace le symbole sur l'objet ou les personnes en question, puis on récite son mantra (Sei He Ki) 3 fois pour l'activer.

1.3 CHO KU REI (CKR)
Symbole de puissance et de focalisation

Ce symbole pourrait se traduire par « toute l'énergie de l'Univers est ici et maintenant ».

1.3.1 Interprétation des traits :

Le trait horizontal est l'énergie masculine de l'univers : le Shiva.
Le trait vertical est l'énergie descendante.
La spirale est l'énergie féminine de la terre, la Shakti, qui touche 7 fois la ligne verticale. Cette spirale a 3 tours. Nous pouvons, si nous le souhaitons, mentionner son mantra à chaque fois que la spirale franchit la ligne verticale. Ce symbole se trace en une fois, donc d'un un seul trait de crayon (sans le lever).

1.3.2 Rôle

Son rôle est d'apporter l'énergie sur un point de focalisation. Qu'il soit physique ou non.

1.3.3 Utilisation de Cho Ku Rei (CKR)

Ce symbole peut, lui aussi, s'utiliser dans beaucoup de situations du quotidien. Y compris sans l'adjoindre à d'autres symboles.

Activation des mains avant un traitement (cela fait d'ailleurs partie du protocole de préparation d'avant traitement). Nous traçons ce symbole dans chacune des paumes des mains, ensuite frapper 3 fois les mains, comme une sorte d'applaudissement, en prononçant son mantra 3 fois également. Après quoi, l'appel de l'énergie est activé au niveau de nos mains. Il n'est donc plus nécessaire d'attendre 2-3 minutes comme au 1er degré pour que l'énergie se manifeste.

Protection. Grace à ce symbole, notre taux vibratoire augmente. Et de facto, nous sommes davantage protégés. C'est une forme de protection indirecte par augmentation de notre puissance. En traçant ce symbole au niveau de nos corps astraux (symboliquement ou en les visualisant en une fois) et 1 fois sur chacun des 7 chakras, en prononçant pour chaque tracé le mantra qui lui est lié (Cho Ku Rei).

Dans un lieu : Après avoir nettoyé un lieu ou une pièce, nous pouvons en augmenter le taux vibratoire. Ceci en traçant un CKR sur chaque mur, le plafond ainsi que sur le sol. Cela nous donne une sensation agréable de confort (physique et énergétique). Attention de ne pas oublier de prononcer 3 fois son mantra pour chacun des tracés.

Champ magnétique et de protection : Autour d'une personne, d'une habitation ou d'une voiture, en visualisant une bulle de protection englobante (une boule de lumière blanche immaculée), puis en « verrouillant » cette bulle en traçant un CKR dessus.

Aura : Pour verrouiller le colmatage d'un trou dans l'aura (voir Byosen dans les TJR2).

Ceci ne nous donne que quelques exemples pratiques, mais nous pouvons bien sûr appliquer un CKR dans bien d'autres situations, si pour une raison ou une autre notre intuition nous y invite (faites-vous confiance ! Vous savez ce qui est bon pour vous).

1.4 SHI KA SEI KI (SKSK)
Symbole du cœur

Ce symbole peut se traduire par « la lumière amour jaillit du cœur et retourne dans le cœur ».

1.4.1 Rôle

L'énergie de ce symbole agit au niveau de l'ouverture du cœur, dont nous avons tous bien besoin. Il nous aide à vivre une meilleure relation d'Amour véritable avec nous-même ainsi qu'avec ceux qui nous entourent. Ce symbole est universel, lui aussi, il a été introduit par le Dr. Hayashi (initié de Mikao Usui). Ce symbole est à inclure dans notre pratique, que cela soit pour nous-même ou pour une personne que nous traitons.

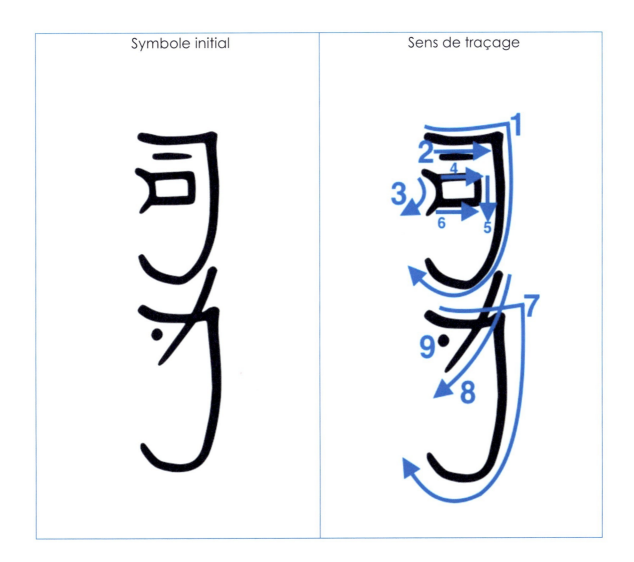

1.4.2 Utilisation de Shi Ka Sei Ki (SKSK)

Nous n'incluons pas systématiquement ce symbole dans tous nos traitements à nous-même ou à une autre personne. Mais selon notre intuition ou bien dans les situations suivantes :

Pour les problèmes physiques

Au niveau du cœur, des poumons, du système immunitaire. Il faut alors ajouter ce symbole aux autres. Ce symbole peut être tracé sur n'importe quelle partie du corps lorsqu'il y a un blocage d'énergie.

Il a un effet très profitable sur le plan physique, au niveau du cœur bien sûr, mais aussi pour les personnes porteuses de Pacemaker ou qui ont subi une intervention chirurgicale. Il est parfaitement indiqué pour les problèmes de régulation :

- Sanguine (hypo ou hyper tension),
- Respiratoire (poumons et voies respiratoires, asthme, allergies)
- Du système immunitaire.

Dans tous les cas, SKSK va réguler le fonctionnement des organes.

Pour les problèmes non physiques

A chaque fois qu'il y aura un souci d'affection amoureuse, amicale, ou familiale. Qu'il s'agisse de tout ce qui est en rapport avec le mot « Amour ».
Amour de soi (physiquement ou pas), Amour entre amis. Il peut évidemment s'agir de problèmes de dépression (qui est une forme de désamour de soi). Ou encore, ce qui concerne tous les conflits générés par Amour ou désamour.

Shi Ka Sei Ki fonctionne évidemment pour le traitement à distance. On visualise les symboles dans l'ordre suivant :
HSZSN, SHK, CKR, SKSK

2 Utilisation des symboles Reiki de degré 2

2.1 Sur soi, comme protection (indépendamment d'un traitement)

1. Attitude Gassho (Voir TJR1).
2. Connexion à notre Source Reiki & exprimer notre intention de protection.
3. Demander l'assistance de nos guides.
4. Kenyoku (voir TJR1).
5. Tracer dans les 2 paumes des mains Cho Ku Rei (CKR).
6. Frapper 3 fois les mains et prononcer 3 fois son mantra (Cho Ku Rei à chaque frappe dans les mains).
7. Tracer un Cho Ku Rei sur les 7 chakras les uns après les autres sans oublier 3 fois le mantra pour chacun.
8. Attitude Gassho avec gratitude pour cette protection faite.

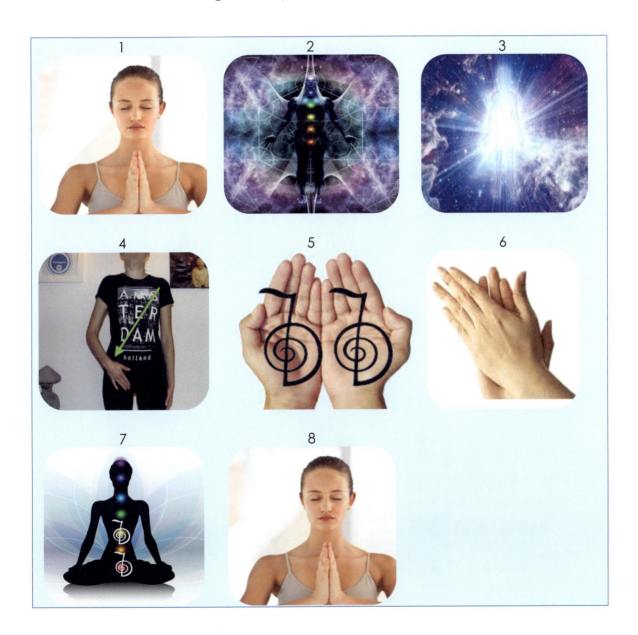

2.2 Dans l'air, pour nettoyer une pièce et faire monter son taux vibratoire

> 📖 A faire tous les 21 jours environ.

Nous installons l'énergie dans la pièce
1. Attitude Gassho (TJR1).
2. Connexion à notre Source Reiki & exprimer notre intention de protection.
3. Demander l'assistance de nos guides.
4. Kenyoku (voir rappels TJR 1er degré).
5. Hon Sha Ze Sho Nen (HSZSN) + Mantra 3 fois.
6. Sei He Ki (SHK) + Mantra 3 fois.
7. Cho Ku Rei (CKR) + Mantra 3 fois.
8. Shi Ka Sei Ki (SKSK) + Mantra 3 fois.

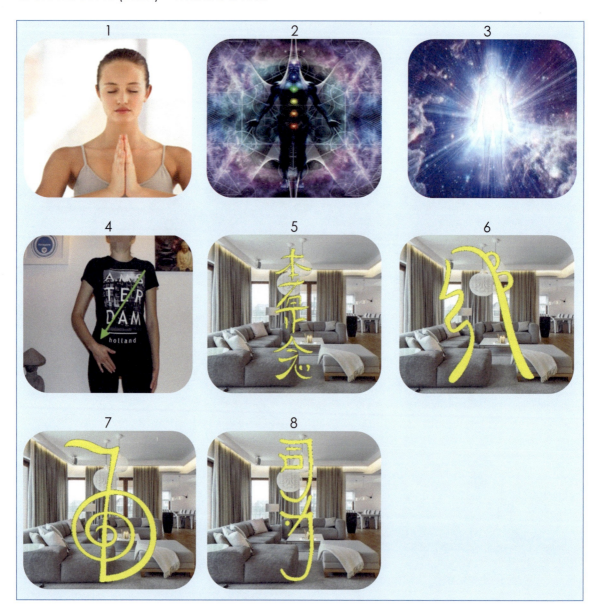

Protection et augmentation du taux vibratoire
9. Sei He Ki (SHK) + Mantra 3 fois sur chaque mur, le sol et le plafond.
10. Cho Ku Rei (CKR) + Mantra 3 fois sur chaque mur, le sol et le plafond.
11. Attitude Gassho avec gratitude pour cette protection faite.

3 Les traitements en présentiel de degrés 2

3.1 Rappels

A) De base :

💣 **Ne jamais promettre la guérison à 100%.**

△ Il faut garder à l'esprit que le Reiki est transmis par notre intermédiaire, c'est tout. C'est bien la personne receveuse qui prolonge un processus d'auto-guérison (ou pas, d'ailleurs, si elle ne devient pas consciente des causes de sa problématique). Nous ne pourrons que l'accompagner, en observant, fort bienveillants. Nous n'enclenchons qu'un processus, c'est elle qui fait le reste consciemment ou pas.

△ Porteurs de pacemaker (pile cardiaque) : transmettre le Reiki après avoir demandé où se trouve le boitier. Ne pas poser les mains dessus ou dans sa toute proche proximité (quelques centimètres). Non pas que nous pourrions dérégler sa fonction, mais s'il arrivait quelque chose à la personne, alors nous ne porterions pas le sentiment de culpabilité, cela serait la continuité de ce qui devait arriver.

B) Déontologique :

💣 **Tout traitement doit être demandé.** Nous ne devons **pas obliger** une personne à recevoir de Reiki. Nous **ne devons pas** transmettre de Reiki à l'insu d'une personne, même si nous sommes bien intentionnés et que nous pensons que cette personne en a vraiment besoin. Nous proposons, nous informons avant toute autre action.
Cette interdiction formelle a ses raisons : spirituelles, d'éthique, philosophiques et matérielles. En effet, la première loi universelle que nous devons absolument observer est celle du libre arbitre de tout un chacun. Chacun est libre dans ses choix, ses consentements ou ses refus, qu'ils soient explicites ou non.

C) Pensées & attitude pendant le soin sur autrui :

△ **Bien que la nature de nos pensées n'affecte pas l'énergie transmise,** elle modifiera notre propre énergie et notre taux vibratoire. Ainsi, par voie de conséquence, elle changera l'énergie et le taux vibratoire de la personne recevant le traitement. Donc, si nous avons des pensées agréables ou désagréables, cela impactera le receveur.

Le mieux est donc d'être dans un état méditatif et d'être présent (attentif) à ce que nous percevons ou ressentons. Sans jugement, tout en restant un témoin silencieux, neutre et détaché, tant que le soin n'est pas terminé. Gardons alors en tête que nous sommes simplement un canal de l'énergie Reiki.

3.2 Traitement sur soi ou sur autrui

3.2.1 Préparation (En présentiel ou non)

- Il est conseillé d'observer la préparation du thérapeute et celle du receveur (le cas échéant) que nous avons déjà apprise lors du 1er degré.

- Puis, faire une protection sur soi *(voir début du chapitre : Utilisation des symboles Reiki de degré 2)*.

- Ensuite faire un nettoyage de la pièce dans laquelle nous officions *(voir début de ce chapitre)*.

△ **Mais il est essentiel de faire au minimum**

1. *Attitude Gassho (TJR1).*
2. *Connexion à notre Source Reiki & exprimer notre intention de protection.*
3. *Demander l'assistance de nos guides.*
4. *Kenyoku (TJR1).*
5. *Tracer dans les paumes des deux mains un Cho Ku Rei (CKR).*

6. *Frapper 3 fois les mains + 3 fois son mantra (Cho Ku Rei à chaque frappe dans les mains).*
7. *Tracer un Cho Ku Rei sur les 7 chakras les uns après les autres sans oublier 3 fois le mantra pour chacun.*
8. *Tracer dans la pièce les 4 symboles que nous venons d'apprendre : HSZSN, SHK, CKR, SKSK.*
9. *Attitude Gassho avec gratitude pour cette « protection » faite.*

3.2.2 Apposition des mains

Pour chaque position, nous visualisons les trois derniers symboles que nous venons d'apprendre, pénétrer son propre corps (auto-traitement) ou le corps de la personne à l'endroit de la position des mains. Toutes les positions des mains sont acquises pendant la formation du 1er degré, elles ne sont donc pas présentées de nouveau ici.

- Sei He Ki (SHK) + Mantra 3 fois.

- Cho Ku Rei (CKR) + Mantra 3 fois.

- Shi Ka Sei Ki (SKSK) + Mantra 3 fois.

Lorsque que la même position est maintenue, si notre ressenti (ou notre intuition) nous invite à reproduire plusieurs fois un symbole (ou plusieurs), alors laissons-nous guider et reproduire les symboles autant de fois que nous le voulons, comme ils se « présentent à nous », sans nous interroger sur le bien-fondé de les répéter. Si nous en avons l'idée, l'envie, l'intuition, alors nous les dessinons !

4 Traitement à distance

4.1 Déontologie

Avant tout traitement à distance, il est indispensable d'avoir l'autorisation de la personne à qui nous transmettons du Reiki. En d'autres termes, le traitement doit être demandé, car nous ne devons pas envoyer un traitement Reiki à l'insu de la personne, même si nous croyons que la personne en a réellement besoin.

- Même si nous jugeons que la situation nécessite notre aide bienveillante, car il s'agit alors de notre point de vue et ce n'est peut-être pas ce qui doit être.
- Il faut absolument respecter le libre arbitre de chacun, sinon il s'agit de manipulation. Sachant que la loi du libre arbitre est une des règles fondamentales de l'univers.

4.2 Nous connaissons la personne & par visualisation cérébrale

1. Réaliser les protocoles de traitement sur soi comme protection puis de nettoyage de la pièce et faire monter son taux vibratoire (voir le début du chapitre « utilisation des symboles Reiki de degré 2 »).

2. Prononcer le prénom et le nom de la personne trois fois, **en la visualisant sereine, heureuse et en bonne santé** (comme elle devrait être). Tâchez éventuellement de vous souvenir d'un moment agréable passé en sa compagnie ou bien d'une image qui lui est avantageuse et que vous avez en tête.

3. Dessiner devant soi (physiquement ou mentalement) le symbole de connexion à distance (HSZSN) et dire son mantra 3 fois. Visualiser le symbole aller jusque sur la personne et dans son corps.

4. Dessiner physiquement ou mentalement le symbole SHK et dire son mantra 3 fois. Visualiser le symbole aller jusque dans le corps de la personne.

5. Dessiner physiquement ou mentalement le symbole CKR et dire son mantra 3 fois. Visualiser le symbole aller jusque dans le corps de la personne.

6. Dessiner physiquement ou mentalement le symbole SKSK et dire son mantra 3 fois. Visualiser le symbole aller jusque dans le corps de la personne.

7. Puis, dérouler le protocole d'apposition des mains que nous avons appris au 1ᵉʳ degré. En visualisant nos mains sur la personne et pendant ce traitement, n'hésitons pas à répéter l'application des symboles autant que nous le « sentons ». Laissons-nous guider par notre ressenti.

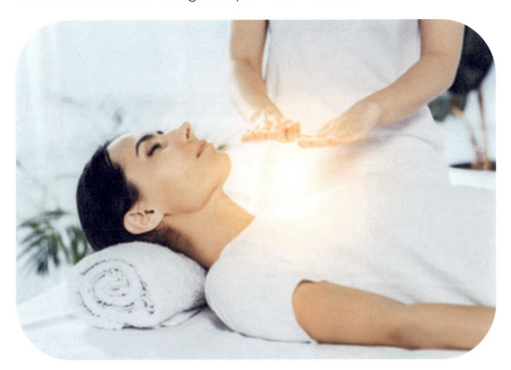

8. Gassho pour remercier, avec sincérité et gratitude.

4.3 Nous ne connaissons pas la personne

Avec une photo « Shashin Chiryo ».

Il s'agit du même traitement que par la visualisation cérébrale, avec la photo de la personne à traiter devant soi. Le prénom et le nom de la personne (sans aucune rature) sont notés à coté ou à l'arrière. Nous dessinons les 4 symboles que nous venons d'apprendre à côté du nom/prénom et de la photo.

Voici, ci-après une représentation possible de ce que pourrait être votre support.

Nicolas ORLER

<u>Sans photo.</u>

Il s'agit du même traitement que celui du dessus (mais sans photo), avec le prénom et le nom de la personne notés sur un **papier blanc, propre et sans aucune rature**. Nous dessinons les 4 symboles que nous venons d'apprendre à côté du nom.

5 Traitement sur une situation passée, future ou présente (Avec cristal de quartz)

Dans ce cadre, une « situation » concerne ce qui ne fonctionne pas bien ou que l'on désire voir se réaliser de la meilleure façon possible. S'il y a « empêchement » dans une certaine situation, nous pouvons alors intervenir avec du Reiki, afin d'en améliorer le déroulé.

- Trouver du travail.
- Rencontrer la personne qui nous convient sur cette partie de notre chemin de vie.
- Acheter un appartement.
- Ou toute autre situation que nous trouvons difficile ou que nous voulons voir s'améliorer encore.

📖 **Il peut s'agir d'une situation qui nous est propre (et personnelle) ou bien de celle d'une autre personne qui sollicite notre aide.**

5.1 Le cristal de quartz

Dans ce cadre, le cristal de quartz à utiliser peut prendre toutes sortes de formes.

Il faut cependant privilégier les cristaux de taille raisonnable. Ils doivent permettre une manipulation aisée à une main.

💣 **Il ne faut en aucun cas utiliser un cristal cassé. En effet, en lithothérapie, les pierres cassées sont considérées comme mortes.**

△ **Le cristal de quartz doit être purifié et énergisé avant son utilisation (Voir le chapitre « connaissances préalables »).**

5.2 Protocole du traitement sur une situation

1. Réaliser les protocoles de traitement sur soi comme protection, puis de nettoyage de la pièce et enfin faire monter son taux vibratoire (voir le début du chapitre « utilisation des symboles Reiki de degré 2 »).

2. Ecrire (sur une copie de photo ou pas) une phrase courte de l'objectif à atteindre ou du désir (sans rature), exprimée avec une formulation positive (sans négation) et au présent. Ajouter ensuite la phrase **indispensable** : « en accord avec tout le monde et en harmonie avec l'univers. ». **Ne changez pas le texte de fin.**

Nicolas ORLER (ou « Je ») est (ou suis) en parfaite santé physique, énergétique et mentale et Il (je) vit(s) dans l'abondance financière.
En accord avec le tout monde et en harmonie avec l'univers.

3. Plier le papier, le tenir posé sur une main avec le cristal de quartz par-dessus.

4. Dessiner physiquement ou mentalement le symbole HSZSN et dire son mantra 3 fois. Visualiser le symbole aller jusque dans le corps du cristal et le papier.

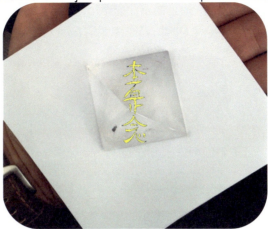

5. Dessiner physiquement ou mentalement le symbole SHK et dire son mantra 3 fois. Visualiser le symbole aller jusque dans le corps du cristal et le papier.

6. Dessiner physiquement ou mentalement le symbole CKR et dire son mantra 3 fois. Visualiser le symbole aller jusque dans le corps de la personne et le papier.

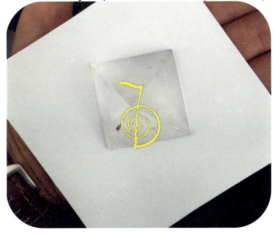

7. Dessiner physiquement ou mentalement le symbole SKSK et dire son mantra 3 fois. Visualiser le symbole aller jusque dans le corps du cristal et le papier.

8. Mettre l'autre main au-dessus du cristal et transmettre du Reiki en visualisant la personne entre 5 et 10 minutes. Ne pas hésiter à répéter l'application des symboles autant que nous le « sentons ». Laissons-nous guider par notre ressenti.

9. Gassho pour remercier.

10. Après ce traitement, se frotter les mains entre elles et souffler 3 fois entre les mains pour couper le flux énergétique.

11. Mettre le papier et le cristal dans une petite boîte en bois (ou un matériau naturel) à l'abri d'une manipulation extérieure (volontaire ou non), jusqu'au lendemain. Puis répéter les étapes d'application des symboles jusqu'à ce que la situation s'améliore.

12. A la fin du traitement, brûler la copie de la photo ou le papier. Puis purifier le cristal (voir le chapitre des connaissances préalables).

6 Traitement à distance sans avoir l'autorisation du receveur

6.1 Déontologie

Cette action s'effectue uniquement dans des cas très spéciaux lorsque nous ne pouvons pas avoir l'autorisation du receveur. Ces raisons sont indépendantes de notre volonté et de la propre possibilité de la personne.

> △ **Nous sommes dans une situation qui ne nous permet pas de communiquer avec le receveur pour obtenir son accord.**

Les types de cas qui peuvent être acceptables :

- La personne est dans le coma.
- La personne est accidentée ou inconsciente.
- Si nous savons que la personne accepte habituellement d'être traitée par des soins énergétiques mais qu'il lui est impossible de nous répondre.

Les types de cas qui ne sont **pas** acceptables :
- A l'inverse, si nous savons que la personne concernée ne veut absolument pas être approchée par une technique de soins énergétiques, il faut alors respecter son choix. **Le traitement sans consentement est exclu.**

> 💣 **Rappelons-nous que :**
> - **Tout traitement doit être demandé.**
> - **Nous ne devons pas obliger une personne à recevoir de Reiki.**
> - **Nous ne devons pas envoyer de Reiki à l'insu d'une personne, même si nous sommes bien intentionnés et que nous pensons que cette personne en a vraiment besoin.**
> - **Nous proposons, nous informons avant toute autre action.**

6.2 Traitement

Si nous estimons que la situation le permet en notre âme et conscience, alors nous pouvons commencer un traitement à distance ou en présentiel. De la même façon, nous nous préparons en fonction du contexte précis (présentiel ou distanciel).

> Δ **Cette approche anticipe l'accord ou le désaccord et reste suffisamment précautionneuse pour respecter le choix de la source et du SOI de la personne.**

6.2.1 En distanciel

Dans ce cas précis, nous ajouterons à la préparation de soi (et de l'environnement) une demande à nos guides, aux guides de la personne et à notre Source (l'univers). **Ceci en utilisant le texte suivant et sans le changer :**

> Δ **Ceci est un traitement Reiki sans permission de Mr/Mme xxxxx xxx** (remplacez par nom et prénom). **Si c'est juste pour Mr/Mme xxxxx xxx** (remplacez par nom et prénom)**, qu'il en soit ainsi. Sinon, que toute cette énergie aille là où l'univers en a le plus besoin, pour le plus grand bien de l'humanité et en harmonie avec l'Univers.**

Puis dérouler le protocole du traitement à distance (voir chapitre 11 – Avec photo si possible ou sans, sinon).

Nicolas ORLER
Ceci est un traitement Reiki sans permission de Mr/Mme xxxxx xxx (remplacez par nom et prénom).
Si c'est juste pour Mr/Mme xxxxx xxx (remplacez par nom et prénom), qu'il en soit ainsi.
Sinon que toute cette énergie aille là où l'univers en a le plus besoin, pour le plus grand bien de l'humanité et en harmonie avec l'Univers.

6.2.2 En présentiel

Dans ce cas précis également, nous ajouterons à la préparation de soi (et de l'environnement) une demande à nos guides, aux guides de la personne et à notre Source (l'univers). **Ceci en récitant le texte suivant et sans le changer :**

> △ **Ceci est un traitement Reiki sans permission de Mr/Mme xxxxx xxx** *(remplacez par nom et prénom).* **Si c'est juste pour Mr/Mme xxxxx xxx** *(remplacez par nom et prénom),* **qu'il en soit ainsi. Sinon que toute cette énergie aille là où l'univers en a le plus besoin, pour le plus grand bien de l'humanité et en harmonie avec l'Univers.**

Puis dérouler le protocole du traitement sur autrui, en portant une attention très particulière à ne pas manipuler physiquement le receveur, surtout si la personne est inconsciente. Nous ne manipulons pas les membres d'une personne hospitalisée ou alitée. Dans ces derniers cas, il convient de se satisfaire de tenir la main ou l'épaule, Transmettant ainsi du Reiki en visualisant les positions des mains et les symboles.

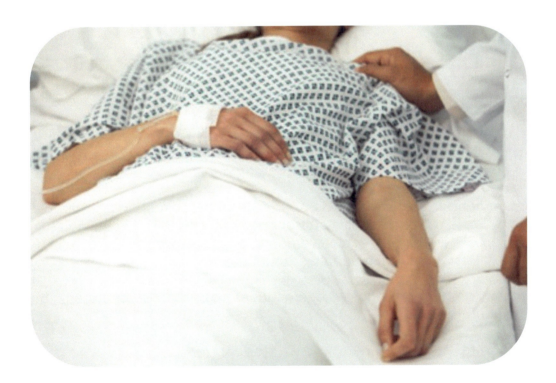

7 Traitement Reiki sur les blocages passés
On ne peut changer le passé mais on peut en libérer certaines charges

Nous savons bien que nous ne pouvons pas changer ce qui est passé. Par définition, ce qui est antérieur au présent est définitivement dans le passé. Mais, bien que nous ne puissions pas changer les faits d'avant, nous pouvons agir sur la charge énergétique et émotionnelle construite depuis. D'une certaine façon, nous pouvons donc en diminuer les effets pour alléger notre présent et notre futur.

Précisons que ce que nous sommes aujourd'hui est la somme de toutes nos expériences acquises depuis nos débuts. Dès lors, ce que nous sommes aujourd'hui est le résultat de tous les choix que nous avons faits. Finalement, ce que nous sommes ici et maintenant est l'image exacte du libre arbitre que nous avons exercé tout au long du chemin que nous avons parcouru.

Sans rentrer dans l'explication de ce qu'est (et produirait) un paradoxe temporel, notons simplement que nous n'agissons pas ici sur les faits passés, mais sur la façon dont nous **gèrerons** émotionnellement notre présent et notre futur. Ceci en allégeant les charges non bénéfiques subies.

Modifier l'ampleur des charges énergétiques passées, c'est changer la gestion de notre futur.

Dans cette approche, nous allons, étape par étape, vider les charges émotionnelles et mentales peu bénéfiques ou négatives que nous avons accumulées dans notre passé.

Pour ce faire, nous dépilerons les blocages par le bas de la pile. De façon à faire tomber les soucis qui en découlent. Comme si nous dépilions des assiettes par le dessous pour en faire tomber le plus possible d'un coup.

7.1 Protocole

- Sur un morceau de papier, écrire le prénom, le nom de la personne puis la période sur laquelle nous effectuons le travail. Y dessiner, bien sûr, les 4 symboles que nous venons d'apprendre (HSZSN, SHK, CKR, SKSK). Ceci comme nous l'avions fait lors du protocole « Traitement sur une situation passée, présente, future » avec le cristal de quartz (avec ou sans photo). Avec l'intention de libérer les charges émotionnelles et mentales négatives.

Nicolas ORLER
Traitement Reiki sur la période passée de
xx mois à xx mois

- Positionner notre cristal de quartz sur le papier plié et transmettre de l'énergie Reiki pendant 5 à 10 minutes, comme nous l'avons fait au chapitre « Traitement sur une situation passée, présente, future ».

- Mettre le papier et le cristal à l'abri des regards indiscrets jusqu'au prochain traitement.

- A faire durant 1 semaine au minimum, à raison d'un traitement effectué de l'une des façons suivantes :
    - 5-10 min : 1 fois par jour
    - 5-10 min : 1 jour sur 2
    - 5-10 min : 4 jours de suite sur les 7 jours de la semaine.

- En déroulant ce même protocole sur chacune des périodes suivantes.

Il faut bien comprendre que le tableau ci-dessous prend en charge 3 périodes de références importantes. Ce découpage peut être déroutant parce que nous avons l'habitude de parler de mois après la naissance lorsque l'on parle d'âge. Mais dans le cadre du Reiki, nous tenons compte de l'avant-conception de façon très importante. En effet, nous considérons qu'il y a une préparation de l'âme venant bientôt s'incarner et de l'environnement ou le contexte dans lequel évoluent les parents du futur enfant à naître.

Périodes à traiter	Fréquences des traitements	Durée du traitement
De -18 mois à -9 mois (avant la conception)	Au choix : 5-10 min : 1 fois par jour 5-10 min : 1 jour sur 2 5-10 min : 4 jours de suite / 7	1 semaine minimum et plus selon le ressenti
De -9 mois (9 mois avant la conception) à la conception	5-10 min : 1 fois par jour 5-10 min : 1 jour sur 2 5-10 min : 4 jours de suite / 7	1 semaine minimum et plus selon le ressenti
A la conception	5-10 min : 1 fois par jour 5-10 min : 1 jour sur 2 5-10 min : 4 jours de suite / 7	1 semaine minimum et plus selon le ressenti
Période intra-utérine (de 0 à 9 mois avant la naissance)	5-10 min : 1 fois par jour 5-10 min : 1 jour sur 2 5-10 min : 4 jours de suite / 7	1 semaine minimum et plus selon le ressenti
Naissance	5-10 min : 1 fois par jour 5-10 min : 1 jour sur 2 5-10 min : 4 jours de suite / 7	1 semaine minimum et plus selon le ressenti
De 0 à 9 mois	5-10 min : 1 fois par jour 5-10 min : 1 jour sur 2 5-10 min : 4 jours de suite / 7	1 semaine minimum et plus selon le ressenti
De 9 mois à 18 mois	5-10 min : 1 fois par jour 5-10 min : 1 jour sur 2 5-10 min : 4 jours de suite / 7	1 semaine minimum et plus selon le ressenti
De 18 mois à 3 ans	5-10 min : 1 fois par jour 5-10 min : 1 jour sur 2 5-10 min : 4 jours de suite / 7	1 semaine minimum et plus selon le ressenti
Puis tous les ans jusque l'âge atteint	5-10 min : 1 fois par jour 5-10 min : 1 jour sur 2 5-10 min : 4 jours de suite / 7	1 semaine minimum et plus selon le ressenti

Si l'on veut interrompre ce déroulé, c'est bien sûr possible. Cependant, après cette période d'arrêt, il faudra reprendre à l'étape précédente et non pas celle sur laquelle nous nous sommes arrêtés. Exemple : si nous décidons d'arrêter après le traitement de la période de 7 à 8 ans alors on reprendra le traitement par la période 6 à 7 ans.

7.2 Bien comprendre les périodes

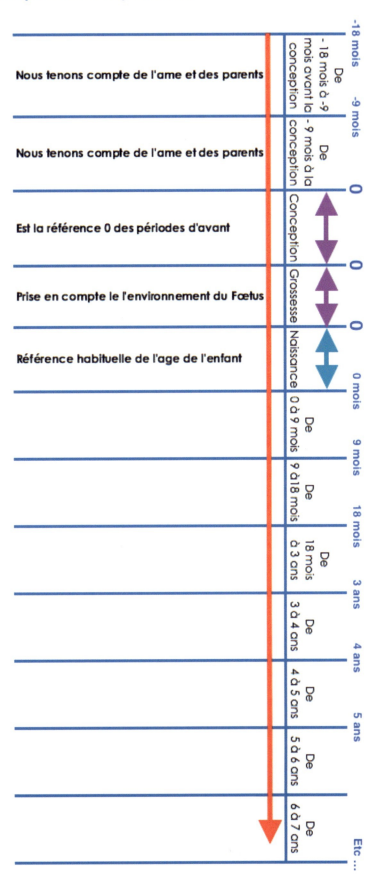

8 Connaissances préalables aux Techniques Japonaises de Reiki de degré 2

8.1 Le cristal de quartz

> △ **Le cristal de quartz doit être utilisé pour les traitements à distance uniquement.**
>
> 💣 **L'utilisation du cristal de quartz en direct doit faire l'objet d'une étude appropriée et approfondie, afin de prendre connaissance des bienfaits et des dangers en cas de mauvaise utilisation. Cette étude ne fait pas partie de ce cours Reiki 2ème degré.**

Cristaux de quartz mono-terminés de formes quelconques et pyramidale (onde de forme).

Les cristaux sont présents tout autour de notre planète. Ils y existent en abondance depuis tout temps. L'homme en fait usage depuis des millénaires pour leurs différentes vertus. L'utilisation du cristal de quartz, en particulier, remonterait à l'époque antédiluvienne de l'Atlantide. Ceci en raison de ses propriétés de programmation et de stockage, la précision mathématique et géométrique qui régit la croissance de ce cristal lui conférant justement ces propriétés. Ces cristaux s'avèrent une aide très précieuse dans la libération des blocages énergétiques et des formes de pensées négatives présentes sur nos corps subtils. C'est spécifiquement pour ces dernières vertus lithothérapiques que nous allons l'utiliser.

Ce cristal est le seul minéral ayant des capacités équivalentes en réception et en émission (en transmission). Pour en faire une utilisation correcte, ce cristal, comme quasiment toutes les autres pierres, doit être purifié et ré-énergisé de façon à ce qu'il recouvre ses capacités vibratoires initiales et donc maximales.

8.1.1   Purification (nettoyage) du cristal de quartz

Nous comprenons aisément que le cristal que nous convoitons dans la vitrine de notre boutique préférée est passé de mains en mains et de lieux en lieux depuis son extraction. Pour qu'en finalité, il puisse nous éblouir de sa perfection dans notre collection personnelle. Comme nous venons de le lire, nous savons que le cristal de quartz (comme bien d'autres) absorbe très facilement les vibrations de son environnement immédiat, puis les rediffuse ensuite. C'est pour cette raison que nous devons impérativement prêter la plus grande attention à sa première purification.

> △ **Nous n'utilisons pas notre cristal (et aucune autre pierre d'ailleurs) sans l'avoir purifié.**

Pour ce faire, nous immergeons le cristal dans un bain d'eau légèrement salée avec du **sel naturel et non raffiné** (gros sel gris de cuisine par exemple), pendant 24 heures au moins. C'est à cause de ce temps de latence qu'il nous faut plusieurs cristaux prêts à être utilisés, si nous prévoyons de faire plusieurs soins rapprochés dans le temps.

Sur cette photo, nous voyons en bas à droite un morceau de cristal immergé dans de l'eau salée (la moitié d'une cuillère à café de gros sel). Les coquilles Saint-Jacques peuvent avantageusement remplacer la petite coupe en porcelaine. L'onde de forme puissante de la coquille Saint-Jacques facilite grandement la ré-énergisation du cristal.

> △ Il est indispensable de purifier un cristal dont on vient de se servir pour effectuer un soin. Nous n'utilisons pas plusieurs fois le même cristal sans qu'il ne soit « restauré » entre deux soins et a fortiori sur deux personnes différentes.

8.1.2 Ré-énergisation du cristal de quartz

Après sa purification, le cristal de quartz doit être ré-énergisé pour qu'il recouvre son taux vibratoire optimum. Pour ce faire, nous pouvons le placer dans une coquille Saint-Jacques après l'avoir rincé sous l'eau claire ou bien le déposer sur une Orgonite en forme de plateau (comme ci-après), pendant 24 heures.

Une pyramide cristal de quartz sur une Orgonite plateau :

9 Techniques Japonaises de Reiki degré 2 (TJR2)

Les Techniques Japonaises de Reiki ou TJR sont des méthodes enseignées lors des formations et à différents degrés ou niveaux. Ici, nous nous concentrons sur celles essentielles au niveau Okuden (le degré 2).

Elles permettent au praticien d'avoir des « outils » supplémentaires pour travailler. Cependant, il faut bien garder en tête que c'est la pureté de l'énergie de la Source (de l'Univers) qui « ré-informe » et non le praticien. Nous irradions cette énergie : nous la recevons et la transmettons, elle ne vient pas de nous. Nous ne la désacraliserons pas, en gardant une intention et des pensées adaptées et bienveillantes. Car si nous ne pouvons pas augmenter la pureté de l'énergie de la Source, nous pouvons aisément la souiller, même involontairement.

9.1 Byosen et scan de l'aura

Byosen peut se traduire du Japonais par « ligne malade ». Byosen est ressenti lorsque nous pratiquons ce que nous appelons un scan de l'aura du receveur. Nous pouvons également parler de « palper de l'aura ». Avec cet outil, nous apprenons à détecter et à colmater les éventuelles fuites auriques.

L'objectif de ce protocole est de colmater tous les trous énergétiques que pourrait présenter l'aura d'un receveur avant de lui faire un soin Reiki. De la même façon que nous ne pouvons pas remplir une passoire d'eau, il va nous être difficile de transmettre de façon optimale du Reiki à une personne dont l'enveloppe protectrice (l'aura) est percée. Le cas échéant, c'est ce que nous appelons une fuite énergétique.

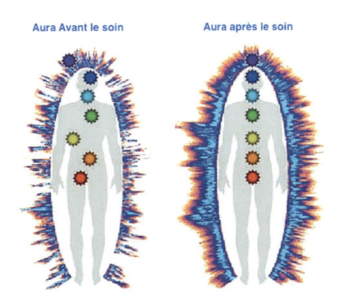

📖 **C'est d'ailleurs le premier soin à faire lorsque nous accueillons une personne se présentant pour recevoir un soin Reiki.**

Avant de procéder à ce scan de l'aura, nous observons la préparation du receveur et du praticien Reiki que nous avons vue au degré 1 : Gassho, Connexion, etc...

Il existe plusieurs façons d'effectuer ce soin de l'aura : soit nous sommes suffisamment confiants parce que nous avons acquis de l'expérience, soit nous sommes débutants. Ce qui dans un cas comme dans l'autre, ne change rien à l'efficacité du soin. Une approche ou l'autre permet éventuellement d'aller à l'essentiel ou de procéder de façon plus cadrée.

A) Si nous ne sommes pas encore suffisamment confiants.

Plaçons nos deux mains à quelques centimètres du chakra couronne de la personne, puis parcourons très progressivement et très doucement avec nos mains, l'entièreté du corps, du haut de la tête vers les pieds. Ce scan s'effectue de haut en bas, jamais en sens inverse. Ou dit autrement : nous ne « remontons » pas dans l'aura.

Si nous avons une sensation équivalente à un traitement habituel Reiki (sans sensation particulière), alors nous continuons délicatement le déplacement de nos mains, vers les pieds du receveur. Sans oublier les côtés du corps et les bras.

En revanche, si nous percevons une sensation de froid combinée avec une sensation de « vent » ou de souffle dans nos mains, alors nous avons identifié une fuite aurique. Dans ce cas, il nous faut arrêter le déplacement de nos mains, identifier complètement la zone concernée, puis la panser (la combler).

Pour ce faire, nous effectuons un massage aurique, fait de petits mouvements circulaires dans le sens des aiguilles d'une montre sur toute la zone identifiée, de l'extérieur vers l'intérieur de la zone, jusqu'à ce que la sensation de froid et de souffle disparaisse.

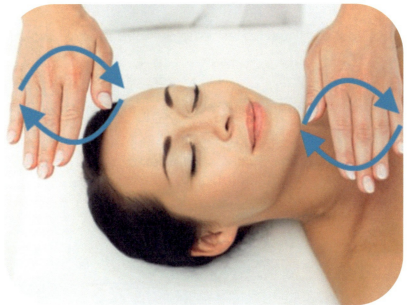

Il est également possible de scanner l'aura d'une seule main. Celle qui est la plus sensible se charge de scanner, l'autre se positionne en réception, la paume vers le ciel.

Au bout d'une petite minute, vérifions si les sensations sont de nouveau redevenues normales. Le cas échéant, la fuite est colmatée. Verrouillons alors ce pansement (ce colmatage) avec le symbole de puissance CKR que nous dessinons sur la zone pansée. Sans oublier de prononcer son mantra 3 fois.

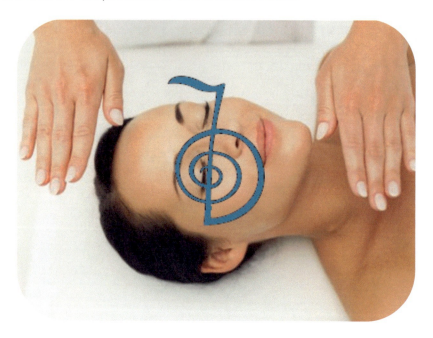

Puis nous pouvons continuer la descente de notre scan le long de l'aura, jusqu'aux pieds.

B) Si nous sommes suffisamment confiants ou expérimentés.

Plaçons une main à quelques centimètres entre le chakra couronne et le troisième œil, puis l'autre au niveau du plexus solaire. Nous saurons intuitivement où placer nos mains pour combler une fuite aurique.

9.2 Hesso Chiryo – Technique de relaxation par le nombril

Hesso : nombril, Chiryo : traitement.

Cette technique est habituellement présentée comme une relaxation Reiki par le nombril. Celle-ci nous aide à développer nos ressentis énergétiques, nos perceptions. Et parfois nous ressentons même le parcours qu'effectue l'énergie Reiki entre le nombril et un point précis où elle se concentre dans notre corps.

De plus, celle-ci nous aide également à conscientiser la relation que nous avions avec notre mère lorsque nous étions en son sein. Cette technique nous apporte un moyen de travailler notre enfant intérieur. Ceci peut réveiller d'ailleurs des souvenirs inconscients jusque-là.

Placer le majeur dans le nombril en exerçant une légère pression jusqu'à ressentir un léger battement au bout de notre doigt.
Si la pression est correcte, nous sommes alors en mesure de ressentir comme une sorte de pouls.

Restons dans cette position tant que nous ressentons ce battement. Puis une fois que la sensation de pouls disparaît, nous n'avons plus de sensation physique, mais une sensation énergétique puissante : **l'énergie passe librement dans notre corps**.

Il faut rester dans cette position pendant au moins 10 minutes. Ceci permet à l'énergie Reiki d'harmoniser le pouls et notre énergie. Nous pouvons utiliser cette technique aussi souvent que nous le souhaitons. En particulier en auto-traitement. En effet, c'est un peu délicat de proposer cette pratique à une autre personne, d'autant plus du sexe opposé. Mais cela reste possible. Il faut simplement agir avec discernement et bienveillance avec notre receveur s'il est d'accord.

9.3 Sei He Ki Chiryo – Déprogrammation d'une croyance

Pour déprogrammer une croyance négative sur soi, sur les autres, ou sur la vie plus globalement. Ces auto-persuasions sont aussi toxiques que : nous sommes inférieurs, incapables ou plus faible que les autres. Ces pensées-là, qui nous traversent l'esprit, parfois à longueur de journées : « Je n'y arriverai pas, je suis incapable de ceci ou cela, je suis nul, je suis moche, je suis trop stupide, etc… ».

Lorsqu'une personne est persuadée qu'elle est incapable de faire quelque chose, il est souvent difficile qu'elle change d'avis sans aide. L'auto-persuasion est malheureusement d'une très grande puissance. Il faut donc reprogrammer ces pensées toxiques en affirmations particulièrement positives : « j'ai confiance en moi, j'ai prouvé que j'étais capable de le faire, puisque je l'ai déjà fait, etc… »

- Pour cela, il nous faut inviter la personne à reformuler sa croyance négative en en une formule plus positive avec beaucoup de force et une grande détermination. Bien entendu, apportons-lui notre aide afin de travailler avec elle cette nouvelle affirmation positive.

- Placer la main dominante sur la nuque puis l'autre main sur le front.

- Inviter la personne à se répéter mentalement la bonne formulation que nous avons convenue avec elle pendant toute la durée du soin (5-10min).

- Nous même, répétons-nous également mentalement cette phrase, tout en visualisant un (ou plusieurs) CHK pendant 5-10 min.

- Retirons notre main du front et restons avec notre main sous la nuque encore 5 min. Nous pouvons visualiser autant de fois le symbole CKR que nous le souhaitons ou que nous le sentons nécessaire (notre intuition est notre meilleure alliée).

9.4 Laser Ho

Lorsqu'il est nécessaire d'envoyer une quantité d'énergie importante sur un endroit précis ou très localisé comme une cicatrice ou une piqûre d'insecte par exemple.

Visualisons un flux parfaitement net et droit (comme un laser) d'énergie sortir de la jonction des pouces, majeurs et annulaire de notre main dominante. Cette position est également un mudra (position des doigts). Il s'agit du mudra **Apan**. En Occident, nous parlons également « du renard ».

Il est possible de travailler avec contact ou à quelques centimètres de distance de la partie à traiter. Puis de placer la main non dominante en réception (paume vers le ciel).

L'autre main en réception énergétique : la paume vers le ciel.

9.5 Jacki Kiri Joka Ho

Jacki : énergie négative, Kiri : couper.

Cette technique n'est pas à proprement parler une technique de traitement à proposer. Mais il peut être salvateur de la connaître et de pouvoir l'utiliser dans notre vie de tous les jours.

Tous les objets qui nous entourent au quotidien se chargent d'énergies négatives ou positives avec le temps. Bien sûr, il en est de même avec les objets que nous venons d'acheter ou qui nous sont offerts.

Cette technique permet donc de transformer l'énergie négative <u>d'un objet</u> en une version beaucoup plus positive.
- Inspirer profondément et calmement en se concentrant sur le tanden inférieur puis bloquer la respiration.
- Faire 2 mouvements horizontaux, la paume d'une main au-dessus de l'objet en question, à 5-6 centimètres, tout en veillant à dépasser les côtés de l'objet.
- Faire un troisième mouvement et s'arrêter nettement au-dessus de celui-ci. Relâcher la respiration.

💣 **Ne jamais utiliser cette technique sur des êtres vivants, qu'il s'agisse d'êtres humains, d'animaux ou bien de plantes.**

10 Rappels

Pourquoi ces rappels du cours de degré 1 ?

Nous avons constaté que de nombreux stagiaires oubliaient rapidement ces éléments de base, pourtant nécessaires à une pratique normale et minimale du Reiki USUI. C'est pourquoi ces éléments sont de nouveau présentés ici.

Si les positions des mains présentés dans le degré 1 peuvent souffrir de quelques distorsions, la préparation du thérapeute, les connaissances de base, comme notre propre nettoyage énergétique ne doivent pas être omis.

> 📖 **Ces éléments sont indispensables. Et ne doivent en aucun cas être occultés avant de pratiquer quelque exercice que ce soit.**

10.1 Préparation indispensable avant TOUS les types de traitements

Avant un traitement, il est nécessaire d'observer une préparation de centrage, d'avoir une attitude de gratitude pour le soin et l'énergie vitale transmise et reçue. Puis de faire une purification. Et enfin une connexion à notre Source.

10.1.1 De notre environnement physique
- Se laver les mains.
- Choisir un lieu calme et relaxant, sachant qu'il ne faut pas être dérangés.
- Eteindre les téléphones portables (Mode avion : pour ne pas être dérangés)

10.1.2 De notre environnement énergétique
- Attitude Gassho (voir TJR).
- Connexion à notre Source Reiki (ou mieux : faire **Reiki syawa Nogi ho**).
- Demander éventuellement l'assistance de nos guides et des guides de la personne.
- Kenyoku (voir TJR).
- Se protéger et demander une protection pour le receveur (par l'intention).

> 📖 **Ces 8 étapes sont les dernières que nous effectuons avant de commencer concrètement le traitement.**

10.2 Attitude Gassho

Gassho signifie joindre les mains l'une contre l'autre avec respect. Pour aller à l'essentiel, cette attitude est celle que nous voyons souvent sur les statues bouddhistes (debout ou assises).

Plus précisément, les deux mains sont jointes l'une à l'autre sans crispation, toutes deux positionnées sur le milieu de la poitrine (le sternum). Le dos des pouces légèrement posés sur le sternum (ou pas), au niveau du chakra du cœur (vert) ou du plexus solaire (jaune). Dans ce cours, nous faisons Gassho avec le dos des pouces posés sur le sternum au niveau du cœur afin de nous centrer parfaitement.

Bien qu'il existe plusieurs variantes de Gassho, leurs différences dépendent principalement de l'enseignant ou du praticien (dos des pouces posés ou non au niveau du chakra du cœur ou du plexus solaire, etc …). Quelle que soit la manière, elles sont toutes abordées dans le même état d'esprit de gratitude et de respect. Gassho est une attitude faite avec beaucoup de sincérité et d'honnêteté envers soi, les autres, une situation ou l'univers. Ceci quel que soit l'exercice que nous pratiquons : méditation, respiration, appel de l'énergie, connexion à la Source (ou l'univers), soins, traitement, etc…

Gassho permet de se recentrer, de lâcher prise, de reprendre conscience de notre être entier et en particulier de notre force intérieure. C'est une invitation à vider notre esprit des pensées parasites ou inutiles, tout en étant dans l'instant présent, à « l'écoute » et dans le respect de ce qui est.

10.3 Tanden

Tanden signifie champ de cinabre. Ils représentent des centres d'énergie essentiels. Ces centres d'énergie ne sont pas en surface du corps mais bien à l'intérieur.

1) Le Tanden inférieur se situe au niveau du centre de gravité du corps, à 2-3 largeurs de doigts sous le nombril. Il stocke le jing (l'essence de l'être). On parle du Zheng tanden.
2) Le Tanden médian se situe au centre de la poitrine, il stocke le Ki (souffle-énergie). On parle de Zhong tanden.
3) Le Tanden supérieur, quant à lui, se situe au milieu du front. Il stocke le shen (la conscience spirituelle). On parle de Shang tanden.

Lorsqu'on parle simplement de « Tanden », sans spécifier lequel, on parle alors du Tanden inférieur. Il existe toutefois des variantes à ces localisations.Ces trois tanden correspondent chacun à une étape de la transformation progressive intérieure.

- **L'essence (jing)** est sublimée au niveau du Tanden inférieur et se transforme en souffle (Ki).
- **Le souffle (Ki)** est sublimé au niveau du Tanden médian et se transforme en énergie spirituelle (shen).
- **L'énergie spirituelle (shen)** est sublimée au niveau du Tanden supérieur (shang Tanden) et retourne à la vacuité, au vide. Nous n'expliquerons pas en détail ici le sens de la vacuité, tant sa complexité est grande, mais comprenons au moins ceci : la vacuité est l'absence de « moi » et de « mien ». Le mot « vacuité » a de nombreuses possibilités d'application. Bien que la caractéristique de « vide » demeure constante, ses expressions sont innombrables. Ceci étant, nous nous limiterons à examiner la vacuité en tant que :
- Absence de souffrance.
- Absence des obscurcissements de l'esprit qui causent la souffrance.
- Absence du sentiment d'un « moi » et d'un « mien ».

Les trois Tanden remplissent une fonction aussi bien physique, énergétique que psychique.

10.4 Kenyoku-Hô

10.4.1 Kenyoku - explications :

Renforcer notre énergie autant que pour nous déconnecter de l'influence d'énergies négatives ou non compatibles des personnes avec qui nous sommes rentrés en contact. Nous émettons l'intention claire de nous purifier, nous « nettoyer » des rencontres de personnes négatives (toxiques), ou des situations extérieures comme de nos propres pensées. Il est indispensable et s'effectue comme suit :

10.4.2 Gestuelle :
Debout ou assis, le dos bien droit, les yeux ouverts, la respiration est naturelle.

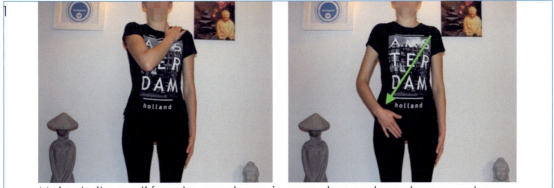

Main droite sur l'épaule gauche puis nous descendons doucement en diagonale en gardant la main plaquée sur le corps vers la hanche droite.

2

Main gauche sur l'épaule droite puis nous descendons doucement en diagonale en gardant la main sur le corps vers la hanche gauche.

3

Main droite sur l'épaule gauche puis nous descendons doucement en diagonale vers la hanche droite (même méthode que l'étape 1)

4
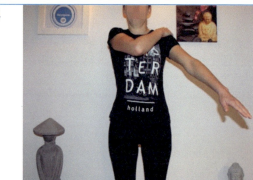 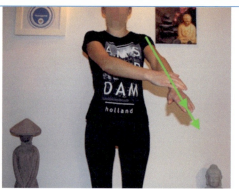

Main droite sur l'épaule gauche puis nous descendons doucement le long du bras gauche en dépassant le bout des doigts de la main gauche

5

Main gauche sur l'épaule droite puis nous descendons doucement le long du bras droit en dépassant le bout des doigts de la main droite

10.5 Planches anatomiques
Anatomie osseuse de la tête

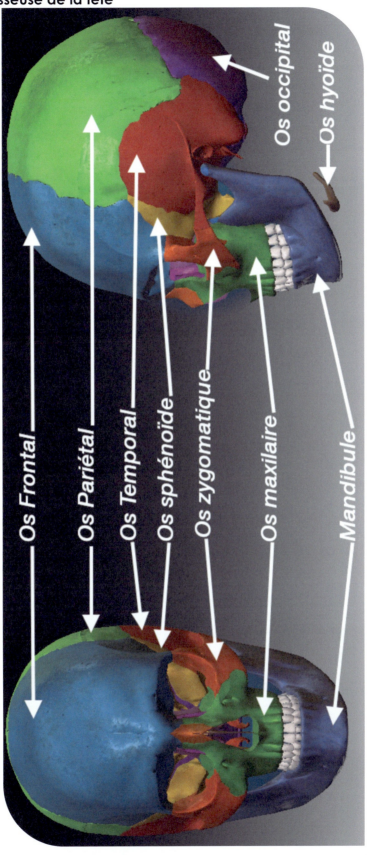

Anatomie musculaire de la tête

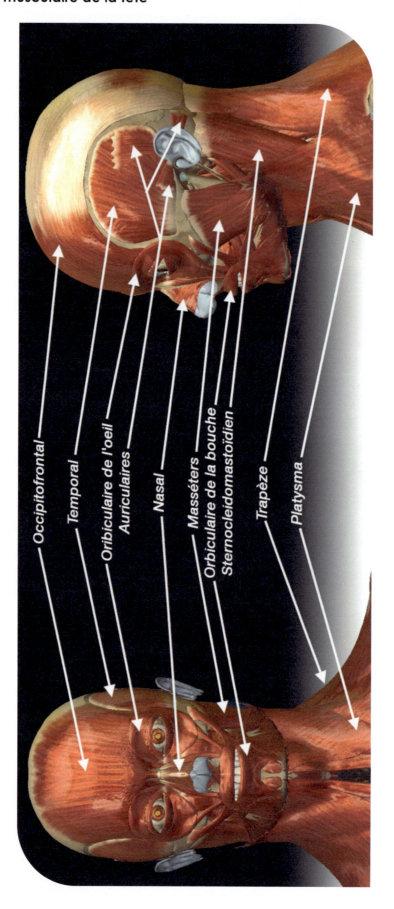

Anatomie du système nerveux central (cerveau)

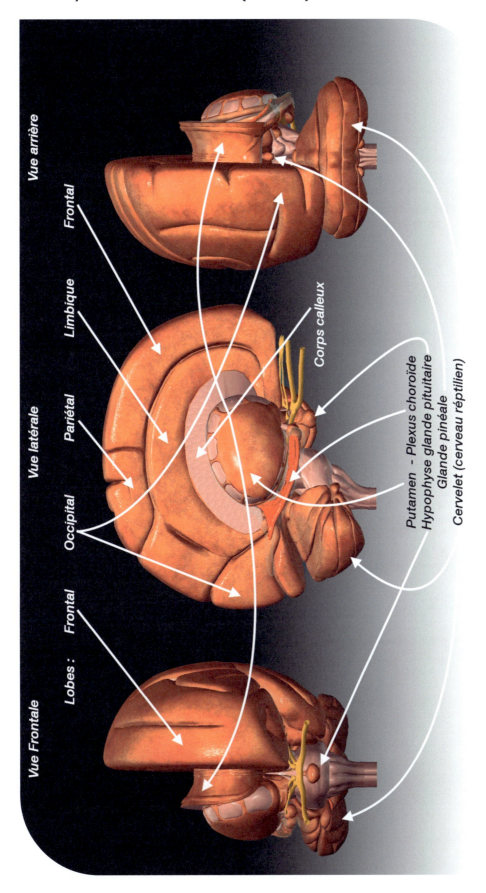

Anatomie osseuse du tronc

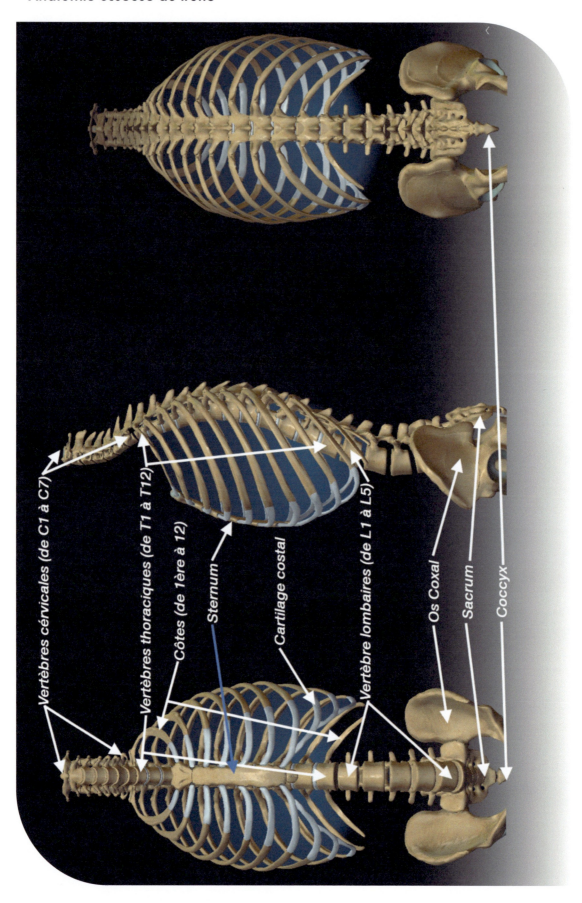

Anatomie musculaire du tronc

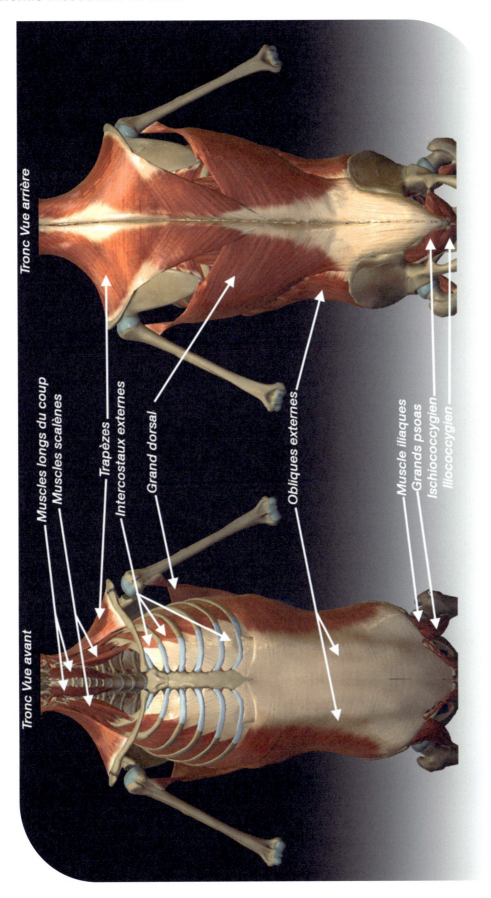

Anatomie des principaux organes du tronc

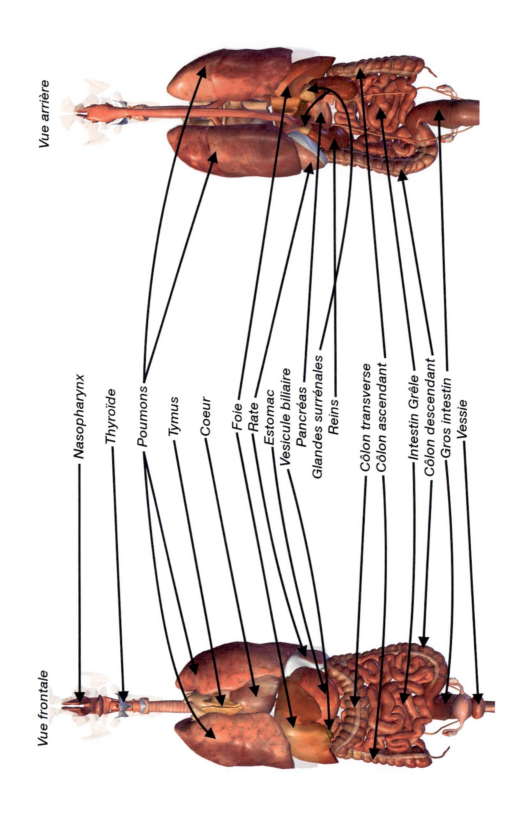

Anatomie osseuse membre supérieur

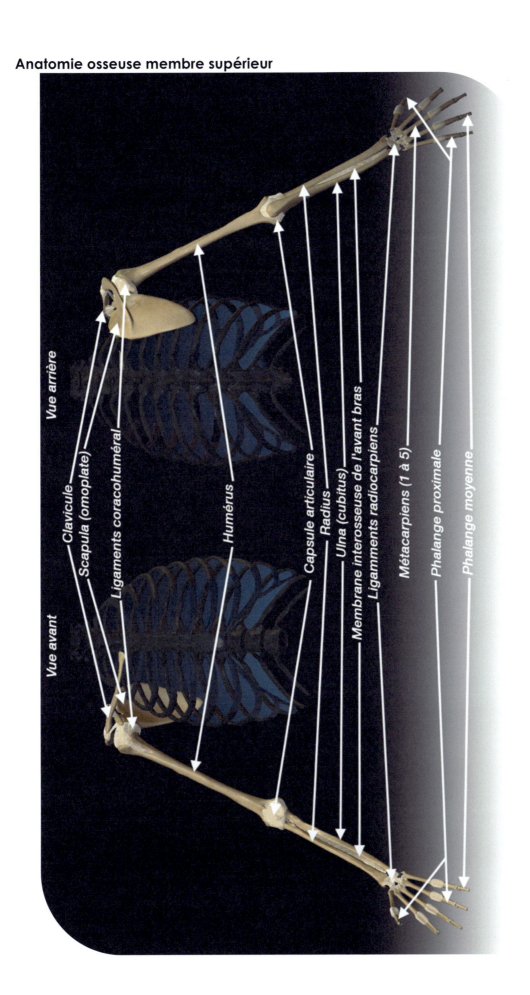

Anatomie Musculaire membre supérieur

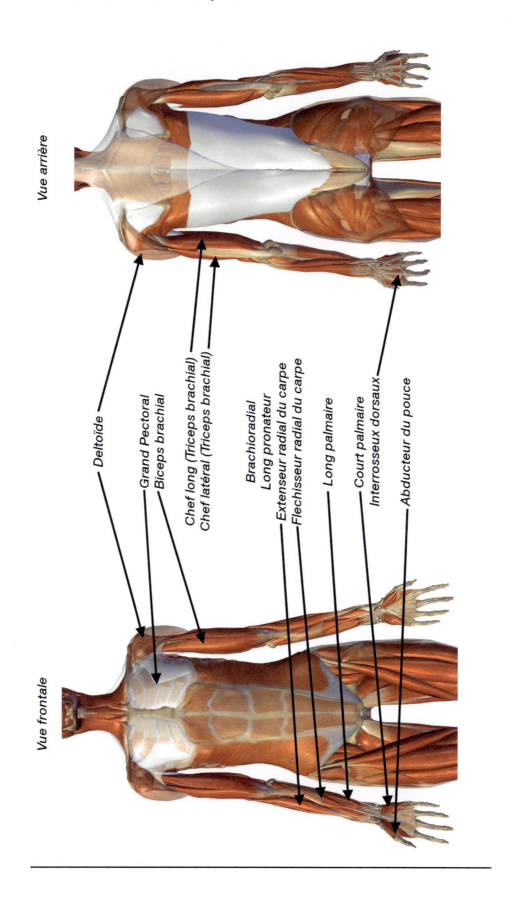

Anatomie osseuse membre inférieur

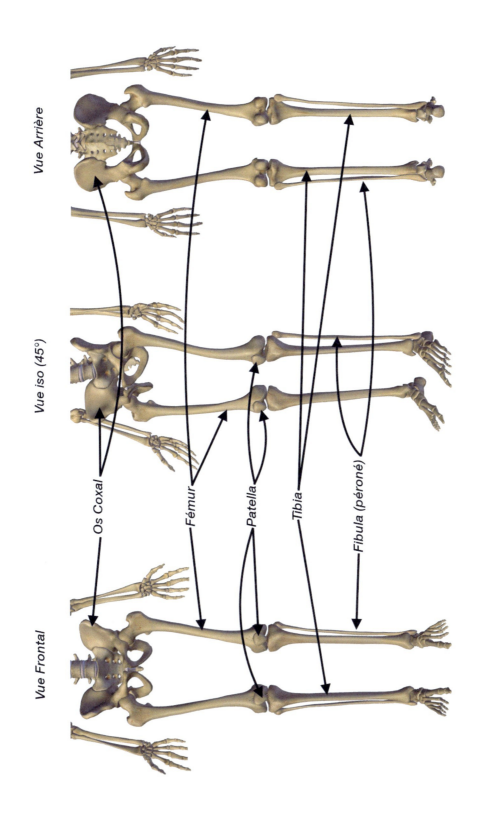

Anatomie Musculaire membre inférieur

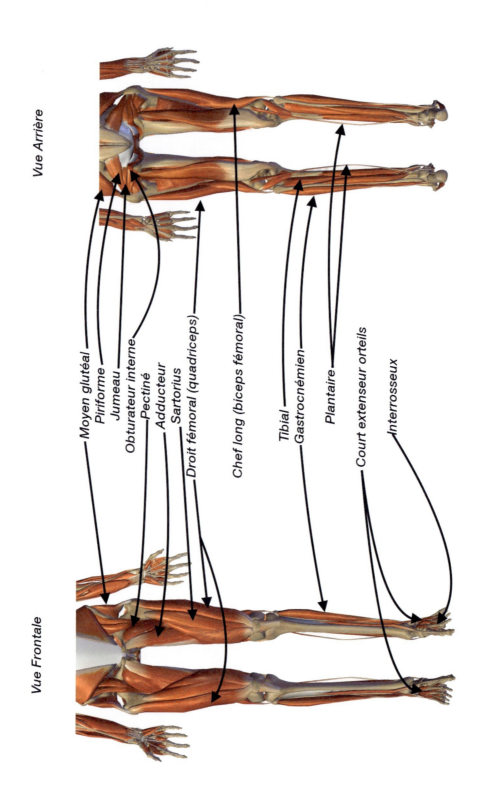

10.6 Degrés d'enseignement Reiki Usui

Selon les enseignements de Mikao Usui, il est convenu et convenable de dire que :

Le 1er degré (Shoden) touche le corps physique

C'est à ce degré que nous apprenons les positions des mains pour notre auto-traitement ou pour un traitement sur autrui. C'est aussi le moment du premier contact avec les 5 idéaux Reiki. Le premier principe est de capter et canaliser l'énergie vitale universelle par l'imposition des mains.
La guérison physique est en cours selon le rythme de chaque être.

Le 2ème degré (Okuden) touche le mental et l'émotionnel

Le 2ème degré augmente de façon importante la quantité d'énergie curative et se concentre sur la guérison émotionnelle, mentale et karmique de l'initié.
Au cours de ce degré sont enseignés 4 symboles selon les maîtres initiés par le centre de Reiki Forum et 4 dans le cadre de ces cours en particulier. Ils favorisent la concentration de l'esprit sur l'émission du Reiki au-delà du temps, de l'espace et ouvrent davantage la puissance du Reiki. Le principe est fondé sur les lois universelles séculaires qui régissent le transfert d'énergie par l'esprit et le corps. A l'aide des symboles, le praticien établit un circuit entre le receveur et lui-même, par le biais duquel l'énergie circule librement.

Le 2nd degré ouvre plus encore l'accès à des niveaux de conscience supérieurs. L'intuition se développe, et nous en prenons davantage conscience, nous comprenons qu'il nous est demandé d'avoir confiance en elle.

Le 3ème degré (Shinpiden) touche la conscience, la spiritualité

Le 3ème degré donne l'accès au symbole du maître, non pas à l'initiation à l'enseignement mais à l'utilisation du symbole et du protocole de maitrise. Ce degré s'adresse à ceux qui veulent savoir tout ce que l'on peut savoir sur le Reiki thérapeutique sans pour autant vouloir devenir maître enseignant.

Le 4ème degré (Shihan) - Maître enseignant Reiki

Le 4ème degré donne la méthode de transmission des initiations, il n'est pas la clôture de la voie Reiki mais la clôture de son premier cycle d'apprentissage.
Il est nécessaire de noter que le terme « maître » n'a ici aucune connotation sectaire. Il désigne simplement le fait que nous avons maitrisé l'enseignement et sommes capables de redistribuer ou transmettre nos connaissances acquises.

Prendre le temps d'expérimenter et d'intégrer

Comme dans tout apprentissage, il nous est nécessaire de parfaitement intégrer une notion avant de passer à la suivante. Comme si le niveau acquis devenait totalement naturel et fluide dans sa compréhension et son utilisation. Et ce, quel que soit le niveau du degré Reiki. A la fédération Francophone de Reiki Usui, on conseille de pratiquer et d'intégrer au minimum :
- 3 mois entre le 1er et le 2ème degré.
- 9 mois entre le 2ème et le 3ème degré.
- 6 mois entre le 3ème et le 4ème degré.

11 Sources

Techniques Japonaises de Reiki (TJR 2)
Reikido-France, enseignées par Patrice Gros, Reiki do Nice

Caractéristiques des chakras
Letempleyogi.com

Les idéaux Reiki
La fédération de Reiki Usui (LFRU) https://www.lafederationdereiki.org/le-reiki/les-cinq-ideaux-du-reiki-ou-gokais-par-mikao-usui/
Reikiforum.com
Nita Mokanu

Planches anatomiques
Composite entre les logiciels Zygote, Anatomylearning, et modélisation personnelle.
https://www.zygotebody.com/#nav=&sel=p:;h:;s:;c:0;o:0&layers=0,1,10000
http://anatomylearning.com/webgl2021v3/browser.php

Photographies des positions des mains et Techniques Japonaises
Photographies personnelles sur Canon EOS 6D, retouchées sur Gimp 2.10 (Imac).
Ces illustrations ne sont pas distribuables sauf avec l'accord de l'auteur uniquement : envoyer 1 mail à Hexagone.nicolas@gmail.com

Autres Photographies et illustrations
Photographies libres de droits (depositphotos, stocksnap.io, pexel, pixabay ...) et autres artistes non identifiés.
Concernant ce dernier point, si vous reconnaissez la photo d'un artiste que je n'ai pas pu nommer, merci de me faire parvenir un mail à Hexagone.nicolas@gmail.com en précisant son adresse mail, de façon à ce que nous convenions avec lui de la suite à donner (retrait de la photo ou autre action).

Printed in France by Amazon
Brétigny-sur-Orge, FR